TEXTES LÉGISLATIFS ET RÈGLEMENTAIRES PORTANT SUR LE CONTENU LOCAL DANS LE SECTEUR MINIER SÉNÉGALAIS

Ibrahima Arona DIALLO

TEXTES LÉGISLATIFS ET RÈGLEMENTAIRES PORTANT SUR LE CONTENU LOCAL DANS LE SECTEUR MINIER SÉNÉGALAIS

Sénégal
L'Harmattan

10 VDN, Sicap Amitié 3, Lotissement Cité Police, DAKAR

Direction@senharmattan.com
librairie@senlibrairie.com

ISBN : 978-2-14-049662-2

EAN : 9782140496622

Introduction générale

La promotion du Contenu local dans tous les secteurs de l'économie nationale est au cœur des différentes politiques et stratégies élaborées par le Gouvernement du Sénégal. Appliqué au secteur minier, le Contenu local pourrait être appréhendé comme les retombées économiques et sociales de l'industrie minière au niveau local. Il englobe à la fois l'approvisionnement local, la promotion des entreprises nationales, la formation et l'emploi local.

Ainsi, le Contenu local est un enjeu majeur pour les pays riches en ressources minérales et peut constituer un levier de développement. En effet, les enjeux sont multiples aussi bien pour l'Etat que pour les collectivités territoriales. Sur le plan économique, nous pouvons noter une amélioration des profits de l'Etat, l'intégration des entreprises locales dans la chaine d'approvisionnement des industries extractives, le développement des PME et PMI et le transfert de technologie au profit des entreprises et des travailleurs locaux. Outre ces enjeux économiques, le développement du Contenu local favorisera un climat social apaisé dans les zones d'opérations minières par la création et l'offre d'emploi ainsi que par la contribution au développement socio-économique durable des collectivités territoriales.

La Vision du régime minier de l'Afrique (Union Africaine), le Développement des Ressources minérales (CEDEAO) et l'UEMOA recommandent des stratégies et des politiques efficaces de développement du Contenu local dans le secteur minier. Dans cette dynamique, la loi n° 2016-32 du 8 novembre 2016 portant Code minier, à travers les articles 85 et 109, avait déjà mis en place des dispositions favorisant le Contenu local notamment la promotion de l'emploi local et des entreprises nationales.

Le développement du Contenu local va favoriser un climat social apaisé dans les zones d'opérations minières par la création et l'offre d'emploi ainsi que par la contribution au développement socio-économique durable des collectivités territoriales.

Le nouveau cadre législatif et règlementaire complète le dispositif existant tout en offrant les outils juridiques adaptés pour un meilleur pilotage de la politique du Contenu local dans le secteur minier.

Chapitre 1 : La présentation de la loi n°2022-17 du 23 mai 2022 relative au Contenu local dans le secteur minier.

Pilier de l'économie sénégalaise, le secteur minier devrait ainsi jouer un rôle stratégique dans la poursuite du développement social et économique du pays en s'appuyant sur le contenu local.

Toutefois, dans un souci de maintenir les acquis actuels relatifs au contenu local dans le secteur des hydrocarbures avec la loi n°2019-04 du 1er février 2019 relative au contenu local dans le secteur des hydrocarbures, le Gouvernement a jugé opportun d'adopter un nouveau cadre juridique relatif au contenu local dans le secteur minier.

Deux éléments importants seront abordés :

- les spécificités de la loi relative au secteur minier dans le secteur minier et ;
- les différentes obligations.

Section 1 : Les spécificités de la loi relative au contenu local dans le secteur minier

Le Contenu local dans le secteur des mines renvoie à l'ensemble des mécanismes qui permettent le développement du tissu industriel et commercial local, ainsi que des compétences nationales, à partir de toute la chaîne de valeur de l'industrie minière.

L'objectif principal est ainsi de promouvoir et de développer le Contenu local dans le secteur minier. Il s'agit ainsi d'accroître les emplois locaux dans la chaîne de valeur des industries minières grâce à l'utilisation de l'expertise ainsi que des biens et services locaux, de promouvoir la disponibilité d'une main-d'œuvre locale qualifiée et compétitive, de privilégier l'approvisionnement de biens et de services fournis par des opérateurs locaux aux sociétés minières et de mettre en place un mécanisme de suivi-évaluation, transparent et fiable des obligations liées au contenu local dans le secteur minier, en adéquation avec les politiques publiques nationales.

La loi n° 2022-17 du 23 mai 2022 relative au Contenu local dans le secteur minier s'applique à toutes les activités sur le territoire de la République du Sénégal, directement ou indirectement, liées à la prospection, à la recherche et à l'exploitation des ressources minières, au transport et au stockage des produits miniers et à la valorisation ainsi qu'à la distribution des produits miniers.

Tout contractant, sous-traitant, prestataire de services et fournisseur, participant aux activités minières, est soumis aux dispositions de la présente loi.

Section 2 : Les différentes obligations liées au contenu local dans le secteur minier

Les obligations liées au contenu local dans le secteur minier sont fixées par décret, notamment celles concernant :

- le plan de contenu local des entreprises minières ;
- les assurances, réassurances et services financiers ;
- la promotion et l'utilisation des biens et services locaux;

- l'emploi local et la formation professionnelle ;
- les services intellectuels ;
- la classification des activités minières ;
- le transfert de technologie, de compétences et de la recherche-développement.

Le non-respect des obligations liées au contenu local, prévues dans la présente loi, expose, notamment, aux sanctions suivantes :

- la résiliation du contrat dans les conditions fixées par le Code minier ;
- l'application des peines d'amende prévues par le Code minier;
- pour les contractants, la non récupération du coût des activités concernées ;
- pour les sous-traitants, fournisseurs et prestataires de services, l'exclusion de la plateforme d'appel à concurrence et l'interdiction de conclure des marchés liés aux activités minières.

Chapitre 2 : Le Comité National de Suivi du Contenu Local (CNSCL)

Le CNSCL est une instance très importante dans le cadre du pilotage du Contenu local dans le secteur minier. Ainsi, il est justifié de mettre en place une stratégie de gestion et de suivi-évaluation fiable permettant de contrôler les obligations de Contenu local prévues.

Globalement, ce cadre contribue à accroître la compétence locale, notamment la main-d'œuvre et le transfert de technologies afin de renforcer les capacités techniques des entreprises locales.

En effet, l'article 5 de la loi n° 2022-17 du 23 mai 2022 relative au Contenu local dans le secteur minier prévoit que le Comité national de suivi du contenu local institué par la loi n° 2019-04 du 1er février 2019 relative au contenu local dans le secteur des hydrocarbures est élargi au secteur minier. Cet élargissement a justifié la refonte du dispositif préexistant pour tenir compte du secteur minier.

C'est dans cette perspective qu'il faut comprendre le décret n°2023-990 du 04 mai 2023

portant organisation et fonctionnement du Comité national de suivi du Contenu local dans le secteur des Hydrocarbures et des Mines.

Nous allons décliner les missions du CNSCL avant d'aborder les modalités d'organisation et de fonctionnement.

Section 1.- Missions du CNSCL

Le CNSCL en qualité d'organe de pilotage a pour missions principales de coordonner l'élaboration du document de stratégie du contenu local dans le secteur des Hydrocarbures et des Mines. Il définit les modalités d'exécution des orientations de l'État du Sénégal. A ce titre, les missions du CNSCL sont déclinées comme suit :

- il élabore des lignes directrices à caractère obligatoire relatives au contenu local notamment, et de manière non limitative, les emplois locaux, l'utilisation de biens et services locaux, les capitaux locaux, le transfert de technologie et de savoir-faire ;
- il s'assure du respect de l'intégralité des mesures auxquelles sont assujetties les entreprises intervenant directement ou

indirectement dans le secteur des hydrocarbures et minier ;

- il publie les rapports publics annuels dressant l'état d'exécution des missions qui lui sont confiées ;
- il adopte le règlement intérieur et le Code d'éthique et de déontologie pour ses membres.

Le CNSCL est chargé ainsi :

- d'approuver le document de stratégie du contenu local soumis par chaque Secrétariat technique
- de superviser et de veiller à la bonne mise en œuvre de la stratégie de développement du contenu local ;
- de faire des recommandations au Gouvernement dans la formulation des politiques et stratégies de contenu local ;
- d'évaluer les plans de contenu local soumis par les contractants, sous-traitants, prestataires de service et fournisseurs et émettre un avis relatif à leur conformité aux objectifs de contenu local ;
- de commanditer des audits approfondis des capacités locales afin d'évaluer le niveau de

fourniture de biens, de services et de main d'œuvre possible localement ;

- d'approuver les indicateurs de performance du contenu local au niveau national ;
- d'approuver les décisions d'amélioration nécessaires pour assurer l'efficacité des mesures de contenu local ;
- d'approuver le recours à des employés étrangers sous réserve de l'approbation du Ministre chargé du Travail, du Ministre chargé des Hydrocarbures et du Ministre chargé des Mines ;
- de fixer les exigences requises dans l'obligation de formation du personnel sénégalais ;
- d'adopter les propositions de révisions périodiques de la classification des entreprises par régime ;
- d'approuver le Plan de succession soumis par tout contractant, fournisseur, sous-traitant et prestataire de services ;
- d'approuver la révision du taux de participation des entreprises sénégalaises au capital des sociétés intervenant dans le régime mixte ;
- d'adopter selon le niveau de maturité du secteur et des capacités locales, les

propositions de révision des exigences minimales en matière de contenu local ;

- d'examiner et d'adopter les rapports que lui soumettent les Secrétariats techniques ;
- d'exécuter toute mission confiée par les autorités entrant dans le cadre du contenu local ;
- de publier des rapports publics annuels dressant l'état d'exécution des missions qui lui sont confiées.

Section 2.- Organisation et fonctionnement du CNSCL

Quelques considérations générales sont importantes avant d'aborder les aspects spécifiques de l'organisation du CNSCL

§1 : Considérations générales

Le CNSCL, organe de pilotage, comprend deux Secrétariats techniques (un Secrétariat technique en charge des mines et un Secrétariat technique en charge des hydrocarbures).

Le CNSCL est présidé par le Secrétaire permanent du COS-PETROGAZ. Outre le

Président, le CNSCL est composé de vingt (20) membres répartis ainsi qu'il suit :

Huit (8) représentants de l'Administration publique

- le Directeur des Hydrocarbures ;
- le Directeur de l'Institut National du Pétrole et du Gaz (INPG) ;
- le Directeur général du secteur financier et de la compétitivité ;
- le Directeur des Stratégies de Développement industriel ;
- le Directeur des Petites et Moyennes Entreprises (PME) ;
- le Directeur de la formation professionnelle et technique ;
- le Directeur en charge du secteur privé ;
- le Directeur général des Mines.

Huit (08) représentants du secteur privé national et des entreprises du secteur des Hydrocarbures et du secteur minier

- le Directeur général de PETROSEN E&P ;

- le Directeur général de la Société des Mines du Sénégal (SOMISEN) ;
- deux (2) représentants des compagnies pétrolières/sous-traitants de rang 1 de l'amont (prospection, exploration, développement et exploitation) et de l'aval (transport, stockage, transformation, valorisation et distribution des produits pétroliers et gaziers) ;
- un représentant des associations des sous-traitants/fournisseurs du secteur minier ;
- un représentant des sociétés minières ;
- deux (2) représentants des organisations patronales.

Quatre (4) représentants des organisations de la société civile et des organisations syndicales

- un représentant de la société civile ;
- deux (2) représentants des syndicats des travailleurs ;
- un représantant du Bureau de l'Ordre national des Experts du Sénégal.

Lorsque l'ordre du jour de la réunion porte sur le secteur des hydrocarbures, seuls les membres suivants du comité de pilotage sont convoqués :

- le Directeur des Hydrocarbures ;
- le Directeur général de PETROSEN E&P ;
- le Directeur de l'Institut National du Pétrole et du Gaz (INPG) ;
- le Directeur général du secteur financier et de la compétitivité ;
- le Directeur des Stratégies de Développement industriel ;
- le Directeur des Petites et Moyennes Entreprises (PME) ;
- le Directeur de la formation professionnelle et technique ;
- le Directeur en charge du secteur privé ;
- deux (2) représentants des compagnies pétrolières/sous-traitants de rang 1 de l'amont (prospection, exploration, développement et exploitation) et de l'aval (transport, stockage, transformation, valorisation et distribution des produits pétroliers et gaziers) ;
- deux (2) représentants des organisations patronales ;
- un représentant de la société civile ;
- deux (2) représentants des syndicats des travailleurs ;

- un représantant du Bureau de l'Ordre national des Experts du Sénégal.

Lorsque l'ordre du jour de la réunion porte sur le secteur des mines, seuls les membres suivants du comité de pilotage sont convoqués :

- le Directeur général des Mines ;
- le Directeur général de la Société des Mines du Sénégal (SOMISEN) ;
- le Directeur général du secteur financier et de la compétitivité ;
- le Directeur des Stratégies de Développement industriel ;
- le Directeur des Petites et Moyennes Entreprises (PME) ;
- le Directeur de la formation professionnelle et technique ;
- le Directeur en charge du secteur privé ;
- un représentant des sociétés minières ;
- deux (2) représentants des syndicats des travailleurs ;
- un représentant des associations des sous-traitants/fournisseurs du secteur minier ;

- deux (2) représentants des organisations patronales ;
- un représentant de la société civile ;
- un représantant du Bureau de l'Ordre national des Experts du Sénégal.

Lorsque l'ordre du jour de la réunion porte sur des questions stratégiques, tous les membres du CNSCL sont convoqués.

Le CNSCL se réunit sur convocation de son Président qui fixe l'ordre du jour de la réunion et délibère valablement si la moitié (1/2) des membres est représentée.

Le CNSCL se réunit deux fois par an en session ordinaire. Il se réunit en session extraordinaire en tant que besoin.

Les délibérations du CNSCL sont adoptées à l'unanimité. A défaut, la majorité simple des membres présents suffit. En cas de partage des voix, celle du Président est prépondérante.

Le CNSCL se réunit à huis clos et ses délibérations sont secrètes.

Les délibérations du CNSCL sont consignées dans un registre spécial réservé à cet effet.

§ 2 : Le rôle du Secrétariat technique en charge des hydrocarbures

Le Secrétariat technique en charge des hydrocarbures est chargé :

- d'élaborer et de soumettre au CNSCL le document de stratégie du contenu local dans le secteur des hydrocarbures;
- de recevoir et de traiter les plans de contenu local des entreprises, contractants, sous-traitants, prestataires de services et fournisseurs de biens, à hauteur des fournisseurs de rang 1 et 2 ;
- de suivre les indicateurs de performance du contenu local au niveau national approuvés par le CNSCL ;
- de suivre les actions retenues en vue d'améliorer l'efficacité des mesures de contenu local, après exploitation et analyse des indicateurs ;
- de proposer la révision du taux de participation des entreprises sénégalaises au capital des sociétés intervenant dans le régime mixte ;
- de proposer les révisions périodiques de la classification des activités par régime;
- de s'assurer de l'application des sanctions prévues par la loi en cas de non-respect des

obligations liées aux exigences de contenu local ;

- de s'assurer de la bonne coordination de l'action des organismes institutionnels de soutien à l'entreprise et des services requis par l'industrie pétrolière et gazière afin de renforcer progressivement la capacité des entreprises locales de manière à leur permettre de faire face à la concurrence sur les plans de la qualité, du prix, de la fiabilité et de la fourniture des biens et services ;
- de gérer et d'exploiter la plateforme électronique de mise en relation pour la fourniture des biens et services liés aux activités pétrolières et gazières ;
- d'assurer les fonctions de contrôle a priori et a posteriori;
- de préparer les dossiers techniques à soumettre au CNSCL;
- de préparer le plan d'actions, le budget, le plan de financement des documents de suivi de la politique de promotion du contenu local ;
- de mettre en œuvre les activités découlant de la stratégie de promotion du contenu local ;
- d'assurer en relation avec les structures concernées, la mise en application des recommandations et décisions du CNSCL ;

- de recevoir et traiter les recours des sociétés relatifs aux décisions du CNSCL;
- de toute autre mission relative à la mise en œuvre de la politique de promotion du Contenu local.

L'organisation ainsi que le fonctionnement du Secrétariat technique en charge des hydrocarbures est fixé par arrêté du Ministre chargé des Hydrocarbures.

Le Secrétariat technique en charge des Hydrocarbures est dirigé par un Secrétaire technique nommé par décret sur proposition du Ministre chargé des Hydrocarbures.

Il est appuyé par un personnel administratif et des experts multisectoriels nécessaires au bon suivi de la mise en œuvre de la politique de contenu local.

Le Secrétaire technique chargé des Hydrocarbures prépare des rapports d'activités qui sont présentés au CNSCL.

Le Secrétaire technique chargé des Hydrocarbures prépare l'ordre du jour des réunions du CNSCL portant sur le secteur des Hydrocarbures qu'il soumet au Président du CNSCL.

§ 3 : Le rôle du Secrétariat technique en charge des hydrocarbures

Le Secrétariat technique en charge des Mines est chargé :

- d'élaborer et de soumettre au CNSCL le document de stratégie du contenu local dans le secteur minier ;
- de recevoir et de traiter les plans de contenu local des entreprises, contractants, sous-traitants, prestataires de services et fournisseurs de biens et de services dans le secteur minier ;
- de suivre les indicateurs de performance du contenu local dans le secteur minier au niveau national approuvés par le CNSCL ;
- de suivre les actions retenues en vue d'améliorer l'efficacité des mesures de contenu local dans le secteur minier, après exploitation et analyse des indicateurs ;
- de proposer la révision du taux de participation des investisseurs sénégalais au capital des sociétés intervenant comme sous-traitants, prestataires de services ou fournisseurs de biens ou services dans le secteur minier ;
- de proposer les révisions périodiques de la classification des activités minières ;
- de s'assurer de l'application des sanctions prévues en cas de non-respect des obligations

liées aux exigences de contenu local dans le secteur minier conformément à la réglementation en vigueur ;

- de s'assurer de la bonne coordination de l'action des organismes institutionnels de soutien à l'entreprise et des services requis par l'industrie minière afin de renforcer progressivement la capacité des entreprises locales de manière à leur permettre de faire face à la concurrence sur les plans de la qualité, du prix, de la fiabilité et de la fourniture des biens et services dans le secteur minier ;
- de gérer et d'exploiter la plateforme électronique de mise en relation pour la fourniture des biens et services liés aux activités minières ;
- d'assurer les fonctions de contrôle a priori et a postériori dans le secteur minier ;
- de préparer les dossiers techniques relatifs au secteur minier à soumettre au CNSCL ;
- de préparer le plan d'actions, le budget, le plan de financement des documents de suivi de la politique de promotion du contenu local dans le secteur minier ;
- de mettre en œuvre les activités découlant de la stratégie de promotion du contenu local dans le secteur minier ;

- d'assurer en relation avec les structures concernées, la mise en application des recommandations et décisions du CNSCL relatives au secteur minier ;
- de recevoir et de traiter les recours des sociétés, sous-traitants ou fournisseurs du secteur minier, relatifs aux décisions du CNSCL ;
- de toute autre mission relative à la mise en œuvre de la politique de promotion du contenu local dans le secteur minier.

Le Secrétariat technique en charge des Mines est dirigé par un Secrétaire technique nommé par décret sur proposition du Ministre chargé des Mines. Il est appuyé par un personnel administratif et des experts multisectoriels nécessaires au bon suivi de la mise en œuvre de la politique de contenu local.

Le Secrétaire technique chargé des Mines prépare des rapports d'activités relatifs au secteur minier qui sont présentés au CNSCL.

Le Secrétaire technique chargé des Mines prépare l'ordre du jour des réunions relatives au secteur minier qu'il soumet au président du CNSCL.

Les modalités d'organisation et de fonctionnement du secrétariat technique en charge des mines sont fixées par arrêté du Ministre chargé des Mines.

Section 3.- Le plan de contenu local et du contrôle des marchés

§1. – L’obligation de soumission d’un plan de Contenu local

Tout contractant, fournisseur, sous-traitant, prestataire de service de rang 1 et 2 exerçant une activité dans le cadre d'un projet pétrolier, gazier ou minier, soumet au CNSCL un plan de contenu local.

Le CNSCL précise à travers des lignes directrices détaillées dans chaque secteur les exigences de contenu local que sont tenues de respecter les entreprises assujetties. Le contenu, le format et le mode de soumission du plan de contenu local sont également définis dans ces lignes directrices.

Les plans de contenu local soumis par les entreprises sont traités dans un délai maximal de quatre-vingt-dix (90) jours à compter de leur réception par le CNSCL.

A l'expiration du délai imparti, les commentaires et observations du Comité sont transmis à la société soumissionnaire pour prise en charge afin de respecter des exigences de contenu local.

§2.- Le contrôle a priori exercé par le CNSCL

Les entreprises soumettent annuellement au plus tard à la fin du premier semestre de l'année n-1, un plan de passation de marchés indiquant :

- les marchés à venir pour l'année n ;
- l'indicateur de contenu local attendu pour chaque marché ;
- le résumé des normes et standards applicables à chaque marché.

Lesdits plans de passation de marchés sont publiés sur la plateforme de mise en relation de chaque secteur.

Les Secrétariats techniques du CNSCL du secteur des Hydrocarbures et des mines effectuent un contrôle a priori assorti d'une autorisation de procéder pour les marchés suivants :

- tout marché ne faisant pas l'objet d'une mise en concurrence, notamment par le biais de la plateforme prévue à cet effet, conformément à l'article 8.2 de la loi n°2019-04 du 1er février 2019 relative au contenu local dans le secteur des hydrocarbures et à la loi n° 2022-17 du 23 mai 2022 relative au contenu local dans le secteur minier ;

- une sélection de marchés définie sur la base du plan de passation de marchés soumis par les entreprises.

Les critères de sélection sont précisés dans une note de procédure interne du Secrétariat technique du CNSCL de chaque secteur.

La liste des marchés sélectionnés est communiquée à l'entreprise donneuse d'ordre au plus tard trente (30) jours après la soumission du plan de passation de marchés.

Dans le cadre du contrôle a priori, les documents suivants relatifs aux marchés sélectionnés sont soumis à l'approbation du Secrétariat technique compétent, du CNSCL :

- avant l'étape de lancement de l'appel d'offres :
- l'appel à manifestation d'intérêt ;
- si pertinent, la liste restreinte établie suite à l'appel à manifestation d’intérêt ;
- le dossier d'appel d'offres complet.
- après l'établissement du rapport d'évaluation des offres et avant la notification des soumissionnaires :

- les offres des soumissionnaires ;
- le rapport d'ouverture des offres (y compris les éléments relatifs à la conformité administrative);
- le rapport et la grille d'évaluation des offres.

Les donneurs d'ordre seront informés de la décision de validation du Secrétariat technique du CNSCL au plus tard quinze (15) jours après la réception des documents précités, à chacune des deux étapes précédemment citées. En cas de non-validation, le Secrétariat technique compétent motive sa décision et émet des recommandations. Lesdites recommandations sont intégrées dans la version amendée des documents ayant fait l'objet du contrôle, qui sont soumis au Secrétariat technique compétent dans un délai de sept (07) jours après réception des commentaires.

Les entreprises élaborent à la fin de chaque année civile, un rapport d'exécution de leur plan de contenu local qui est soumis au Secrétariat technique compétent au plus tard le premier jour du second mois calendaire de l'année suivante, dans le cadre de l'évaluation a posteriori.

Le contenu, le format et le mode de soumission du rapport annuel d'exécution du plan de contenu local sont définis dans les lignes directrices du CNSCL.

L'analyse du rapport d'exécution du plan de contenu local peut mener à l'enclenchement de la procédure de sanction, notamment par le biais d'émission de mesures correctives, d'avertissement, ou de sanction. Ces procédures spécifiques sont indiquées dans une directive du CNSCL dans chaque secteur.

Les donneurs d'ordre s'assurent que leurs sous-traitants de rang 1 et 2 s'acquittent dans les délais impartis, de leur obligation de transmission des documents requis au Secrétariat technique compétent.

Section 4. – Le Plan de succession et de la formation locale

§1 - Le Plan de succession

Tout poste à pourvoir au niveau national fait l'objet de deux (2) appels d'offres exclusivement réservés aux nationaux. Si les appels d'offres sont infructueux, le poste est alors ouvert au niveau international.

Dans le cadre d'un appel d'offre au niveau national, une entreprise locale ne saurait être écartée sur le principe de « l'offre la plus avantageuse sous réserve que son prix n'excède pas de plus de 10% celui de l'offre la plus basse.

Tout contractant, sous-traitant, prestataire de services ou fournisseur étranger titulaire d'un poste national pourvu par un appel d'offre international soumet un Plan de succession au CNSCL pour approbation.

Le Plan de succession définit la durée maximale dans laquelle le contractant, sous-traitant, prestataire de services ou fournisseur est accompagné par des employés sénégalais qui bénéficient d'une formation pour acquérir le niveau de compétence requis aux fins de remplacer graduellement les employés non-nationaux.

Au-delà de la durée maximale, le poste est alors occupé par un sénégalais.

§2.- L'emploi local et la formation du personnel sénégalais

Le personnel sénégalais bénéficie de la priorité exclusive à l'octroi d'emplois locaux et à la formation, dans tout projet issu directement ou indirectement des activités pétrolières, gazières et minières.

Le financement du programme de formation du personnel sénégalais est assuré par le Fonds d'Appui au Développement du Contenu local, sur la base d'une contribution annuelle dont le montant varie selon le secteur d'activité, du montant du contrat.

Le plan de contenu local soumis par tout contractant, sous-traitant, prestataire de services ou fournisseur au CNSCL intègre un plan de formation du personnel sénégalais dont les modalités et exigences sont fixées dans le document de stratégie de Contenu local élaboré par le Secrétariat technique compétent.

Section 5 : Les plateformes électroniques de mise en relation

Il est mis en place deux (02) plateformes électroniques à travers lesquelles sont publiés tous les appels d'offres relatifs aux activités pétrolières et gazières d'une part et minières d'autre part, sauf autorisation préalable du CNSCL.

Les plateformes électroniques ont pour objectif de servir de portail d'information, de mise en relation et de suivi des activités du secteur pétrolier, gazier et minier.

Elles permettent, entre autres objectifs spécifiques :

- l'accès aux informations relatives :

- aux plans de passation de marchés et aux exigences du secteur en termes de standards de qualité de produit/prestation, de sécurité, de santé et d'environnement à destination du secteur privé national désireux de s'impliquer dans les activités du secteur, ainsi qu'aux opportunités sous la forme d'appels d'offres ;

- à une base de données de fournisseurs dont les entreprises sont dûment établies en République du Sénégal et de compétences locales, à destination des entreprises évoluant dans les activités du secteur pétrolier, gazier et minier souhaitant recourir à des sous-traitants ;
- aux recours et sanctions conformément aux articles 40 et 43 du présent décret ;

- l'évaluation de la mise en œuvre des directives relatives à la promotion du contenu local ;
- la garantie de la transparence dans tous les appels d'offres du secteur pétrolier, gazier et minier ;
- la dématérialisation des procédures relatives au suivi de la mise en œuvre de la politique de contenu local dans les deux secteurs;
- l'accès aux recours et sanctions conformément visés au présent décret.

Les deux (02) Secrétariats techniques du CNSCL sont chargés, chacun en ce qui le concerne, de la mise en place, de la supervision, de la gestion et du suivi de la plateforme électronique de son secteur. Ils définissent les spécifications techniques des plateformes électroniques dans un cahier des charges prévu à cet effet.

Les modalités d'organisation et de fonctionnement des plateformes sont précisées dans les lignes directrices du CNSCL.

Tout contractant, fournisseur, sous-traitant, prestataire de service publie tous les marchés entrant dans le cadre d'un ou de plusieurs projets pétroliers, gaziers ou miniers sur la plateforme électronique de mise en relation en question.

Toute exception à cette disposition fait l'objet d'une autorisation préalable délivrée par le Secrétariat technique du CNSCL compétent, conformément à la procédure de contrôle a priori décrite aux articles 25 et 26 du présent décret.

Il est créé au niveau de chaque plateforme de mise en relation, un guichet unique pour faciliter la capacitation du secteur privé national. Les modalités d'organisation et de fonctionnement de chaque guichet unique sont précisées dans une ligne directrice du CNSCL.

Chaque Secrétariat technique du CNSCL est chargé de l'élaboration des termes de référence de son guichet unique et de la coordination de l'action des différents organismes institutionnels de soutien à l'entreprise.

Les Secrétariats techniques du CNSCL décrivent à travers une directive les modalités relatives à la soumission électronique des documents de suivi et de contrôle dans le cadre de la mise en œuvre de la politique de contenu local.

Section 6 : Les différentes sanctions

Sont considérés comme faits répréhensibles :

- la soumission d'un plan de contenu local, d'un plan de passation de marchés, d'un rapport d'exécution ou de tout autre document présentant des informations erronées ou reposant sur de fausses déclarations ;
- la représentation de manière frauduleuse par toute personne de nationalité sénégalaise, des intérêts étrangers dans le but de satisfaire les exigences de contenu local quant à la constitution d'une entreprise locale ;
- la publication sur les plateformes électroniques de mise en relation sans autorisation préalable du CNSCL d'un marché d'activité entrant dans le cadre d'un ou de plusieurs projets pétroliers, gaziers ou miniers par tout contractant, fournisseur, sous-traitant, prestataire de service ;
- toute violation des exigences de contenu local non-justifiée ou ne faisant pas l'objet d'une autorisation préalable du CNSCL;

- toute violation des exigences de la classification ne faisant pas l'objet d'une autorisation préalable du CNSCL.

Le non-respect par les fournisseurs des obligations liées aux exigences de contenu local dans les deux secteurs expose aux sanctions suivantes :

- une amende pouvant aller d'un million

  (1 000 000) à vingt millions (20 000 000) de dollars US équivalent en franc CFA au taux de change du jour de l'établissement de l'amende, reversée dans le sous compte du secteur en question au niveau du Fonds d'Appui au Développement du Contenu local ;
- une exclusion temporaire ou totale des plateformes électroniques de mise en relation ;
- une interdiction totale de conclure des marchés portant sur les activités pétrolières, gazières et minières;
- la non-récupération par le contractant des coûts pétroliers et miniers des activités concernées ;
- la résiliation de plein droit du contrat.

Les cas de non-respect des obligations liées aux exigences de contenu local sont examinés par les

Secrétariats techniques du CNSCL, qui soumettent leurs recommandations pour approbation au Comité.

Les Secrétariats techniques sont chargés de la mise en œuvre des sanctions validées par le CNSCL.

Section 7 : Les voies de recours

Il est institué auprès du CNSCL, une Commission de règlement amiable des différends chargée de recevoir, d'enregistrer et d'examiner les réclamations et recours dans le cadre de l'attribution des marchés par les donneurs d'ordre.

La Commission de règlement amiable des différends comprend :

- le Secrétaire technique chargé des hydrocarbures ;
- le Secrétaire technique chargé des Mines;
- l'Agent Judiciaire de l'État ;
- un (01) représentant des sociétés minières/des sous-traitants/fournisseurs ;
- un (01) représentant des compagnies pétrolières/des sous-traitants de rang 1 ;
- un (01) représentant du secteur privé national;

- un (01) représentant de la société civile.

La Commission de règlement amiable des différends est présidée par le Ministre chargé des Hydrocarbures, si le différend concerne le secteur des hydrocarbures et comprend les membres suivants :

- le Secrétaire technique chargé des hydrocarbures ;
- l'Agent Judiciaire de l'État ;
- un (1) représentant des compagnies pétrolières/des sous-traitants de rang 1 ;
- un (1) représentant du secteur privé national;
- un (1) représentant de la société civile.

La Commission de règlement amiable des différends est présidée par le Ministre chargé des Mines, si le différend porte sur le secteur minier et comprend les membres suivants :

- le Secrétaire technique chargé des Mines ;
- l'Agent Judiciaire de l'État ;
- un représentant des sociétés minières/des sous-traitants/fournisseurs ;

- un (1) représentant du secteur privé national ;
- un (1) représentant de la société civile.

Chapitre 3 : Le Fonds d'Appui au Développement du Contenu Local dans les secteurs des hydrocarbures et des mines (FADCL)

La mise en place d'une politique de contenu local permettant de renforcer la participation du secteur privé national dans le secteur des hydrocarbures, a conduit à l'adoption de la loi n° 2019-04 du 01 février 2019 relative au contenu local dans le secteur des hydrocarbures.

Ainsi, pour soutenir durablement le renforcement des capacités techniques et financières des entreprises locales en vue d'assurer leur mise à niveau pour répondre aux normes internationales exigées en la matière, le décret n° 2021-248 du 22 février 2021, pris en application de la loi n° 2019-04 précitée, a fixé les modalités d'alimentation et de fonctionnement du Fonds d'Appui au Développement du Contenu Local (FADCL).

Dans un souci de remédier et corriger les imperfections de la politique de contenu local dans le secteur minier, il a paru nécessaire d'adopter une loi exclusivement dédiée audit secteur.

La loi n° 2022-17 du 23 mai 2022 relative au contenu local dans le secteur minier maintient ainsi les acquis actuels du contenu local dans le secteur des hydrocarbures, y compris le Fonds d'Appui au développement du Contenu local. Son article 8 élargit le Fonds d'appui au développement du contenu local au secteur minier et renvoie à un décret pour fixer les modalités.

C'est pourquoi, il est devenu indispensable de refondre le cadre juridique actuel fixant les modalités d'alimentation et de fonctionnement du Fonds d'appui au développement du contenu local dans le secteur des hydrocarbures aux fins de l'élargir au secteur minier.

Le FADCL est régi par le Décret n° 2023-991 du 4 mai 2023. Il est doté de la personnalité juridique et de l'autonomie financière, est placé sous la tutelle financière du Ministre chargé des Finances et sous la tutelle technique du Ministre chargé des mines et du Ministre chargé des hydrocarbures.

Il faut aborder les différentes missions, les organes et les moyens financiers du Fonds.

Section 1.- Les missions du FADCL

Le FADCL a pour missions d'appuyer la mise en œuvre de la politique de contenu local dans le secteur des hydrocarbures et des mines.

A ce titre, il est, notamment, chargé de :

- contribuer à la mise à disposition de personnels qualifiés ;
- contribuer au renforcement de capacités des acteurs en charge du suivi de la mise en œuvre de la politique de Contenu local dans les deux secteurs;
- soutenir la formation des acteurs des secteurs des hydrocarbures et des mines;
- définir, en relation avec les organismes étatiques de financement ainsi que toutes autres institutions financières, des outils sur mesure pour les entrepreneurs évoluant dans les secteurs pétrolier, gazier et minier;
- soutenir les actions de promotion du Contenu local dans les secteurs pétrolier, gazier et minier;
- soutenir la communication relative à la politique de Contenu local ;
- concourir au financement des acteurs dans les secteurs pétrolier, gazier et minier.

Section 2 : Les organes du Fonds

Il s'agit du Conseil d'administration et l'Administrateur.

Le Conseil d'administration du Fonds a pour missions de contrôle, de supervision et de suivi des activités du Fonds. A ce titre, il est chargé :

- d'adopter le manuel de procédures du Fonds que lui soumet l'administrateur général dudit Fonds ;
- de désigner un Commissaire aux comptes parmi les cabinets de renommée internationale pour certifier les comptes du Fonds établis par l'Administrateur général et l'ordonnateur du sous compte dédié au secteur minier avant la présentation desdits comptes au CNSCL pour examen et adoption;
- d'examiner et approuver le budget annuel du Fonds ;
- de s'assurer de la mise en œuvre et du contrôle de l'utilisation des ressources du Fonds conformément aux programmes d'actions ;

- d'approuver les comptes de fin d'exercice et les rapports d'activités périodiques du Fonds ;
- d'accepter les dons, legs et autres libéralités faites aux Fonds ;
- de soumettre au Ministre chargé des Finances, au Ministre chargé des Mines et au Ministre chargé des Hydrocarbures, des recommandations visant à améliorer le niveau des ressources et leurs conditions et modalités d'emploi ;
- de contrôler l'exécution des dépenses en cours d'année budgétaire ;
- de sélectionner un cabinet d'audit de renommée internationale pour conclure des audits réguliers du Fonds.

Le Président du Conseil d'administration du Fonds est le Président du Comité national de suivi du Contenu local (CNSCL). Outre son Président, le Conseil d'administration du Fonds comprend les membres suivants :

- le Directeur chargé des Hydrocarbures ;
- le Directeur chargé du secteur financier et de la compétitivité ;

- le Directeur chargé des Petites et Moyennes Entreprises (PME) ;
- le Directeur chargé de la formation professionnelle et technique ;
- le Directeur chargé du secteur privé ;
- le Directeur chargé de l'Industrie ;
- le Directeur de l'Institut national du Pétrole et du Gaz (INPG) ;
- le Directeur général de PETROSEN E&P ;
- le Directeur général des Mines ;
- le Directeur général de la SOMISEN ;
- le Directeur général de MIFERSO.

Le contrôleur financier ou son représentant assiste aux réunions du Conseil d'administration avec voix consultative.

Le Président du Conseil d'administration peut inviter toute personne à prendre part, avec voix consultative, aux travaux dudit conseil en raison de sa compétence sur les questions à examiner.

Les membres du Conseil d'administration sont nommés par arrêté conjoint du Ministre chargé des mines et du Ministre chargé des Hydrocarbures pour une durée de trois (3) ans renouvelables.

Le mandat des membres du Conseil d'administration du Fonds prend fin à l'expiration normale de sa durée, par décès ou par démission. Il prend également fin à la suite de la perte de la qualité qui avait motivé la nomination, ou encore par révocation à la suite d'une faute grave ou des agissements incompatibles avec la fonction de membre de l'organe délibérant du Fonds.

En cas de décès en cours de mandat ou lorsqu'un membre du Conseil d'administration du Fonds n'est plus en mesure d'exercer son mandat, il est immédiatement pourvu à son remplacement par l'administration ou la structure qu'il représente, pour la période restante du mandat en cours.

Le Conseil d'administration du Fonds se réunit, au moins deux fois par an et chaque fois que de besoin sur convocation de son Président.

La convocation, l'ordre du jour et les dossiers correspondants sont adressés à chaque membre au moins quinze (15) jours francs avant la réunion ou au moins sept (7) jours francs en cas d'urgence impérieuse, motivée par des circonstances imprévisibles.

Le Conseil d'administration du Fonds ne délibère valablement sur toute question inscrite à son ordre du jour que si les deux tiers (2/3) au moins de ses membres sont présents ou dûment représentés. Si le quorum n'est pas atteint lors de la première convocation, il est ramené à la moitié de ses membres présents ou représentés pour les convocations suivantes.

Les décisions du Conseil d'administration du Fonds sont prises à la majorité simple des voix des membres présents ou représentés. En cas de partage des voix, celle du Président est prépondérante.

En cas d'empêchement temporaire du Président, le Conseil d'administration du Fonds désigne, parmi ses membres, un suppléant pour présider les réunions.

En cas de conflit entre les intérêts privés et les fonctions de membre de Conseil d'administration du Fonds, le membre concerné ne participe pas à la délibération en cause.

Chaque membre du Conseil a l'obligation de porter à la connaissance du Conseil les faits susceptibles de créer tout conflit d'intérêts.

L'Administrateur du Fonds assure le secrétariat des réunions du Conseil d'administration. Il est assisté dans cette tâche par le Secrétaire technique du Comité national de Suivi du Contenu local dans le secteur des mines

Le Secrétaire technique du Comité national de suivi du Contenu local dans le secteur des hydrocarbures est l'Administrateur du Fonds.

Le Fonds comprend un sous compte commun dédié aux ressources communes, un sous compte dédié au secteur des hydrocarbures et un sous compte dédié au secteur minier.

L'Administrateur du Fonds délègue la gestion du sous compte dédié au secteur minier au Secrétaire technique du CNSCL dans le secteur minier.

L'Administrateur du Fonds, ordonnateur des recettes et des dépenses, en collaboration avec le Secrétaire technique du CNSCL dans le secteur minier, est chargé :

- d'assurer la bonne organisation et le fonctionnement du FADCL
- de préparer le budget du Fonds ;
- d'assurer la gestion des ressources et dépenses communes du FADCL ; conformément à son objet ;
- de préparer, en rapport avec le Secrétaire technique du CNSCL dans le secteur minier, les programmes d'actions, les rapports d'activités, ainsi que les comptes et états financiers qu'il soumet au Conseil d'administration du Fonds pour examen et adoption ;
- d'élaborer un manuel de procédures qui est soumis à l'approbation du Conseil d'administration du Fonds ;

- de signer tous les marchés, contrats ou conventions dans le secteur des hydrocarbures;
- de dresser les procès-verbaux des délibérations du Conseil d'Administration et d'en exécuter les décisions.

Section 3. - Les moyens financiers du Fonds d'Appui au Développement du Contenu local

Elles proviennent de transferts du budget de l'Etat, destinés à la mise en œuvre de la politique de Contenu local, de taxes parafiscales instituées par décret, de revenus générés par les plateformes électroniques de mise en relation, d'amendes résultant des sanctions pour non-conformité aux exigences de contenu local, de dons, legs et toutes autres ressources autorisées par les loi et règlements en vigueur.

Les ressources du Fonds de chaque secteur sont déposées dans un compte de dépôt ouvert dans les livres du Trésorier général.

Sont autorisées sur les ressources du Fonds d'Appui au Développement du Contenu local les charges relatives au financement des activités suivantes :

- les audits approfondis des capacités locales afin d'évaluer le niveau de fourniture de biens, de services et de main d'œuvre possibles localement ;
- la coordination et le financement de plans d'actions développés en partenariat avec les organismes institutionnels de soutien à l'entreprise et visant à renforcer progressivement la capacité des entreprises locales de manière à leur permettre de faire face à la concurrence sur les plans de la qualité, du prix, de la fiabilité, de la quantité et de la fourniture des biens et services requis par l'industrie pétrolière, gazière et minière ;
- la révision périodique de la classification des activités par régime ;
- les dépenses de fonctionnement du CNSCL et de ses Secrétariats techniques, y compris les dépenses pour la réalisation des missions d'audit technique et financier;
- les outils de levier pour faciliter l'accès aux financements et à la garantie ;
- le renforcement des capacités des entreprises pour le financement de l'acquisition de certifications pour la mise à niveau ;
- les dépenses de promotion du contenu local ;

- toutes autres dépenses relatives à la mise en œuvre de la politique de contenu local.

Les ressources versées au titre du Fonds d'appui au développement du contenu local sont strictement destinées à la mise en œuvre de la stratégie de Contenu local dans chaque secteur.

Sont éligibles au Fonds :

- toute personne morale répondant au critère d'entreprise locale telle que définie par la réglementation en vigueur;
- toute personne physique de nationalité sénégalaise exerçant une activité relative aux secteurs pétrolier, gazier et minier.

L'exécution des opérations comptables et financières du Fonds est assurée par un Agent comptable nommé par arrêté du Ministre chargé des Finances.

La tenue de la comptabilité du Fonds s'inspire du référentiel du Système Comptable Ouest Africain (SYSCOA).

Des audits externes financiers du Fonds sont réalisés chaque année par des experts indépendants reconnus pour leurs compétences et sélectionnés après appel à la concurrence.

Les rapports du Commissaire aux comptes sont annexés au rapport annuel du CNSCL.

Le Fonds d'Appui au Développement du Contenu local est soumis à la vérification des organes de contrôle compétents de l'État, dans les conditions fixées par les lois et règlements en vigueur.

Chapitre 4 : Les modalités de la fourniture locale, des biens et services dans le secteur minier

Il faut aborder les considérations générales avant de présenter les considérations spécifiques.

Section 1 : Les considérations générales

Le Décret n°2023-979 du 04 mai 2023 a fixé les modalités de la fourniture locale, des biens et services dans le secteur minier. Il s'applique aux titulaires de titre minier ainsi qu'à leurs sous-traitants, fournisseurs de biens et services, aux entreprises minières et à leurs sous-traitants.

Au sens du décret précité, les définitions suivantes sont données :

- **biens :** équipements consommables et produits entrant dans l'utilisation ou la consommation ;
- **entreprise minière :** personne morale de droit sénégalais créée en vue de mener des activités

régies par la législation minière en vigueur au Sénégal ;

- **entreprise locale :** entreprise détenue à hauteur de 51%, au minimum, par des personnes physiques de nationalité sénégalaise ou par des personnes morales contrôlées par des personnes physiques de nationalité sénégalaise et dont la direction est assurée à plus de 80% par des personnes physiques de nationalité sénégalaise, avec un personnel de nationalité sénégalaise à hauteur de 51% au minimum ;
- **fournisseur :** toute personne physique ou morale qui se limite à livrer des biens et services au titulaire d'un titre minier sans accomplir un acte de production ou de prestation de services se rattachant aux activités principales du titulaire du titre minier;
- **fourniture locale :** ensemble des actions portant sur la promotion des capacités nationales dans la fourniture des biens et des services locaux ;
- **local :** territoire de la République du Sénégal ;
- **secteur minier :** secteur économique regroupant l'ensemble des travaux régis par la législation minière sénégalaise ainsi que toute autre activité qui se rapporte aux opérations minières ;

- **services :** prestations fournies par des personnes morales, qui requièrent des compétences ou des ressources techniques ou intellectuelles ;
- **sous-traitant :** personne physique ou morale exécutant un travail qui s'inscrit dans le cadre des activités principales du titulaire du titre minier.

Section 2 : Les considérations spécifiques

Les biens et services liés aux activités minières sont fournis par des entreprises locales. Toutefois, des entreprises étrangères peuvent fournir ces biens et services lorsqu'il n'existe pas d'entreprises locales à même de le faire, dans des conditions de coûts et de planning comparables et selon les standards internationaux applicables dans l'industrie minière.

Les appels à concurrence en vue de la fourniture des biens et services liés aux activités minières sont lancés par le biais d'une plateforme électronique dont les modalités sont fixées par décret.

Lorsqu'une entreprise envisage de ne pas recourir à une procédure d'appel à concurrence pour la fourniture de certains biens ou services, elle requiert l'approbation du Secrétariat technique du CNSCL en charge du suivi du Contenu local dans le secteur minier avant d'initier la procédure menant à la fourniture de ces biens et services.

Tout investisseur désirant intervenir comme sous-traitant, prestataire de services ou fournisseur de biens, crée une entreprise de droit sénégalais immatriculée au Registre du Commerce et du Crédit mobilier et doit procéder à la déclaration des bénéficiaires effectifs.

Le capital de cette entreprise est ouvert aux investisseurs sénégalais. Les modalités de la prise de participation sont fixées par arrêté du Ministre des Mines et de la Géologie, sur proposition du Secrétaire technique du CNSCL en charge du suivi du Contenu local dans le secteur minier.

Pour la couverture des risques liés aux activités minières, toute société participant auxdites activités souscrit des contrats d'assurance auprès des sociétés d'assurance agréées au Sénégal.

Toutefois, les contrats d'assurance dont la couverture excède les capacités financières des sociétés d'assurance agréées au Sénégal peuvent, pour leur excédent, être souscrits auprès de sociétés communautaires ou étrangères.

Ces dispositions s'appliquent également à la réassurance liée à ces activités minières.

Sous réserve du respect des clauses des contrats, les entreprises participant aux activités minières doivent recourir aux services des institutions financières établies au Sénégal, dans la mesure des capacités de ces dernières.

Les entreprises impliquées dans la conduite des activités minières désirant recourir aux services intellectuels, le font, en priorité, auprès de ceux qui sont établis au Sénégal.

Les entreprises minières et leurs sous-traitants opérant au Sénégal accordent à des personnes morales sénégalaises tout contrat de prestation de services ou de fourniture de biens conformément à la liste des biens et services fournie aux entreprises minières.

Les entreprises minières et leurs sous-traitants soumettent annuellement au Secrétariat technique du CNSCL, en charge du secteur minier, leur plan d'approvisionnement de biens et de services, au plus tard le 31 décembre.

Toute modification ou changement de ce plan est notifié au Secrétariat technique du CNSCL en charge du secteur minier dans le mois suivant la modification.

Les proportions minimales au profit des entreprises locales ainsi que la liste des biens et services sont fixées par arrêté du Ministre chargé des Mines sur proposition du Secrétaire technique du CNSCL en charge du suivi du Contenu local dans le secteur minier.

Les entreprises minières sont tenues de respecter ces proportions pour tout contrat de prestation de services et/ou de fourniture de biens au profit des entreprises locales.

Les entreprises minières ainsi que leurs sous-traitants sont tenues de transmettre au Secrétariat technique du CNSCL en charge du suivi du Contenu local dans le secteur minier, pour approbation, tout contrat relatif à l'approvisionnement de biens et services.

Le Secrétariat technique du CNSCL en charge du suivi du Contenu local dans le secteur minier s'assure du respect des obligations liées au contenu local.

Conclusion générale

L'État du Sénégal a adopté la loi no 2022-17 du 23 mai 2022 relative au Contenu local dans le secteur minier en vue d'augmenter la valeur ajoutée locale et la création d'emplois dans l'intégralité de la chaîne de valeur minière grâce au développement de l'expertise nationale des biens et services locaux.

Le Contenu local dans le secteur minier renvoie globalement à un ensemble de mesures et mécanismes mis en place dans le cadre des conventions et contrats miniers pour contraindre les entreprises à s'impliquer davantage dans le développement socio-économique d'un pays.

Il met l'accent sur la préférence nationale et des mesures qui pourraient se traduire en terme de pourcentage de nationaux dans les emplois miniers, le transfert de compétences vers les nationaux, la formation des nationaux, le pourcentage de biens et de services locaux utilisés dans le secteur minier, la part des financements nationaux dans le secteur.

Le secteur minier sénégalais présente ainsi beaucoup d'opportunités de développement.

Les défis sont grands et le Secrétariat technique en charge des mines et les entreprises minières doivent croiser leurs efforts pour une prospérité partagée des ressources générées par le secteur des mines au Sénégal.

Table des matières

Structures éditoriales du groupe L'Harmattan

L'Harmattan Italie
Via degli Artisti, 15
10124 Torino
harmattan.italia@gmail.com

L'Harmattan Hongrie
Kossuth l. u. 14-16.
1053 Budapest
harmattan@harmattan.hu

L'Harmattan Sénégal
10 VDN en face Mermoz
BP 45034 Dakar-Fann
senharmattan@gmail.com

L'Harmattan Cameroun
TSINGA/FECAFOOT
BP 11486 Yaoundé
inkoukam@gmail.com

L'Harmattan Burkina Faso
Achille Somé – tengnule@hotmail.fr

L'Harmattan Guinée
Almamya, rue KA 028 OKB Agency
BP 3470 Conakry
harmattanguinee@yahoo.fr

L'Harmattan RDC
185, avenue Nyangwe
Commune de Lingwala – Kinshasa
matangilamusadila@yahoo.fr

L'Harmattan Congo
219, avenue Nelson Mandela
BP 2874 Brazzaville
harmattan.congo@yahoo.fr

L'Harmattan Mali
ACI 2000 - Immeuble Mgr Jean Marie Cisse
Bureau 10
BP 145 Bamako-Mali
mali@harmattan.fr

L'Harmattan Togo
Djidjole – Lomé
Maison Amela
face EPP BATOME
ddamela@aol.com

L'Harmattan Côte d'Ivoire
Résidence Karl – Cité des Arts
Abidjan-Cocody
03 BP 1588 Abidjan
espace_harmattan.ci@hotmail.fr

Nos librairies en France

Librairie internationale
16, rue des Écoles
75005 Paris
librairie.internationale@harmattan.fr
01 40 46 79 11
www.librairieharmattan.com

Librairie des savoirs
21, rue des Écoles
75005 Paris
librairie.sh@harmattan.fr
01 46 34 13 71
www.librairieharmattansh.com

Librairie Le Lucernaire
53, rue Notre-Dame-des-Champs
75006 Paris
librairie@lucernaire.fr
01 42 22 67 13

Made in United States
Troutdale, OR
11/03/2026

56847375R00040